en salade

Daniel Petibon

Illustrations
d'Hervé Le Goff

Le programme spécialisé de
... axé sur les besoins
... rendu possible
... subvention
... l'Éducation

Papapillon,
Mamanpillon
S'en vont, s'en vont…
Papapillon
Mamanpillon
S'en vont, s'en vont
Suivis de leurs
Petitpillons.

Escargot,
Escargot
Mini-fer à repasser
Tu repasses,
Tu repasses
Les feuilles mouillées.

Escargot,
Escargot
Mini-fer à repasser
Tu repasses,
Tu repasses
Mais sans te presser…

Tout's les feuill's mouillées
Sans en oublier
Une !

Hop ! Hop ! Hop ! Hop ! Hop ! Hé ! Ho !

La grenouille saute très haut.
Elle saute un peu trop haut ;
Et plop ! dans un coqu'licot.

Le coqu'licot casse,
Lui fait un chapeau,

Un grand chapeau rouge ;
Ah ! quel sombrero !

Une soupe de sorcière
C'est pas difficile à faire :
Vous hachez menu, menu
Quelques bouts de peau de verrue,
Vous y ajoutez, tout doux,
Quatre poils de fesse de pou.
Agrémentez tout cela
D'un quart d'une crotte de rat
Ou si vous le préférez
D'un soupçon de crotte de nez.
Faites cuire en cafetière,
Filtrez bien, d'un air sévère,
Servez dans des tasses à thé,
Buvez petit doigt levé…
À votre santé !

Un
Deux
Trois
Quatre
Cinq
Six
Sept

La pluie
Apprend
À compter
Sur ma tête !

Un
Deux
Trois
Quatre
Cinq
Sept
Six

La pluie
Apprend
À compter
Sur mes
cuisses !

Un
Trois
Quatre
Cinq
Six
Sept
Deux

La pluie
Apprend
À compter
Dans mes yeux !

Cot, cot, cot
Je veux bien de la
Carotte.

Cot, cot, cot
Je veux bien de la
Compote.

Cot, cot, cot
Mais surtout de la
Biscotte.

Émiettée par ta
Menotte.

Cot !

Cott ! !

Cottt ! ! !

J'ai perdu ma brosse
Ma brosse à cheveux
Et moi sans ma brosse
Je suis malheureux.

Monsieur Hérisson
Qui par là passait
Monsieur Hérisson
Va la remplacer.

Allons-y, allons…
Et brossi-brossons !
Allons-y, allons…
Et merci, merci
Monsieur Hérisson !

La neige tombe
Avec douceur ;
Il n'y a plus qu'une couleur,
Il n'y a plus
De cris, de peurs.
Il n'y a plus
De jour, ni d'heure.
La neige tombe
Avec douceur.
Tous les flocons
Sont frères et sœurs !

Toujours caresser l'étoile
Dans le sens du poil,
Dans le sens du poil.
Toujours caresser la lune
Dans le sens des plumes,
Dans le sens des plumes.

Quand le chat a faim
Il passe et repasse
Entre mes chevilles.

Quand le chat a faim
Il passe et repasse,
Se frotte, se tortille.

Quand le chat a faim,
Vraiment très, très faim…
Il devient anguille !

Je m'suis fait petit
Plus p'tit que brindille.
Je m'suis fait petit
Plus p'tit que myrtille.

Je m'suis fait petit
Plus p'tit que lentille.
Je m'suis fait petit
Plus p'tit que cédille.

Maintenant fourmi,
Fourmi ma chérie,
Maintenant fourmi,
Fourmi sois gentille :
Viens à la mairie
Pour qu'on se « marille » !

Loi 49.956 du 16.07.1949
Dépôt légal : 1er trimestre 2002
ISBN : 2-7459-0564-3
Imprimé en Belgique